Símbolos Especiales:

Este libro está organizado para guiar al participante a través del entrenamiento, además de las secciones de la Perspectiva del Facilitador y de Notas de la Presentación, presentamos cierto número de símbolos que se usan para facilitar el taller. Para su comodidad estos símbolos se repiten en la introducción de cada una de las secciones de este libro.

Sugerencia:

Este símbolo representa una sugerencia y es un enunciado general que se refiere a la facilitación del taller.

Pista:

Este símbolo representa la idea de dar una pista al facilitador y es específico para la solución de la que el facilitador está hablando o impartiendo.

Pregunta:

Este símbolo representa una pregunta que puede ser hecha al facilitador o bien a los participantes en el taller.

Temario:

Sección 1

5S y Operaciones Esbeltas (Lean)...1

Sección 2

5S y La Organización:
Cada Pieza del Rompecabezas 19

Sección 3

5S y Trabajo en Equipo 39

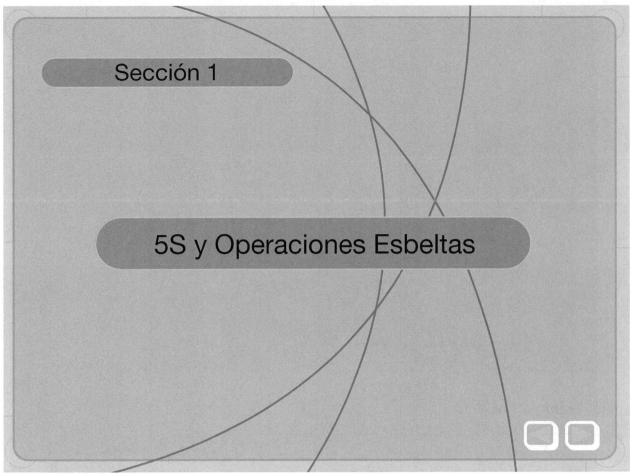

Sección 1

5S y Operaciones Esbeltas

Cuaderno de Ejercicios para el Participante

En esta Sección

- Aprende el contexto de 5S
- Descubre como 5S encaja en proyectos de mejora
- Estudia los 7 Desperdicios de Operaciones
- Contenido del Taller

Este Cuaderno de Ejercicios para el Participante Pertenece a:

_____

 Sugerencia   **Pista**   **Pregunta**

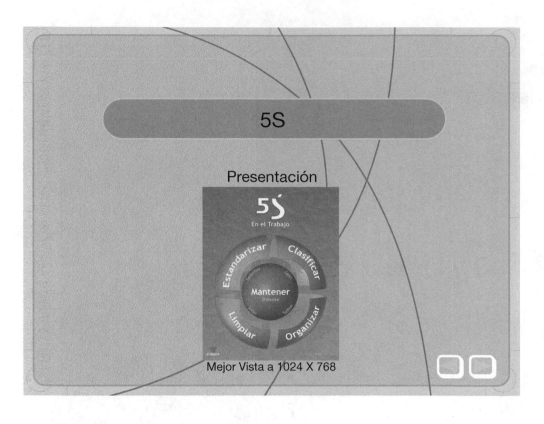

Notas, Transparencia 1:

_____

_____

_____

_____

_____

_____

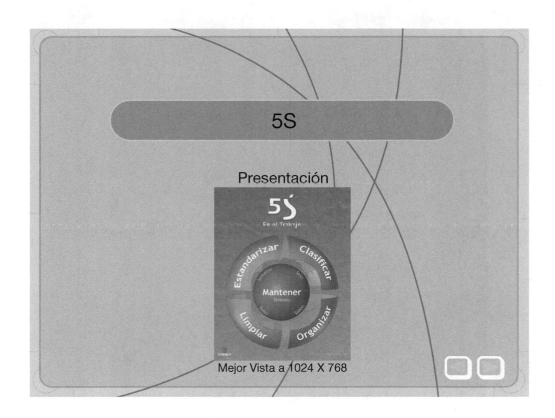

Notas, Transparencia 1 continuación:

_____

_____

_____

_____

_____

_____

Pista:
Presta mucha atención al facilitador cuando hable del concepto de una operación limpia.

Pregunta:
¿Qué piensa la gente en general de un proceso limpio? Por favor comenta.

_____

_____

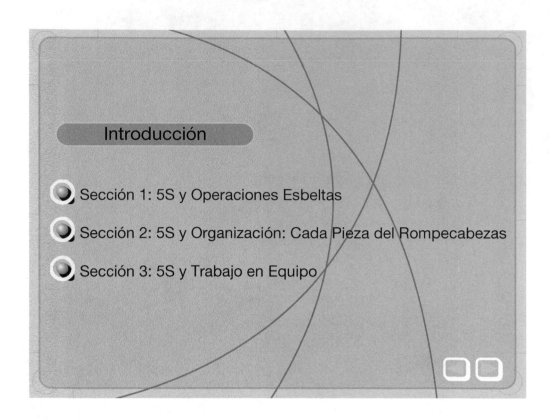

Introducción

- Sección 1: 5S y Operaciones Esbeltas

- Sección 2: 5S y Organización: Cada Pieza del Rompecabezas

- Sección 3: 5S y Trabajo en Equipo

4

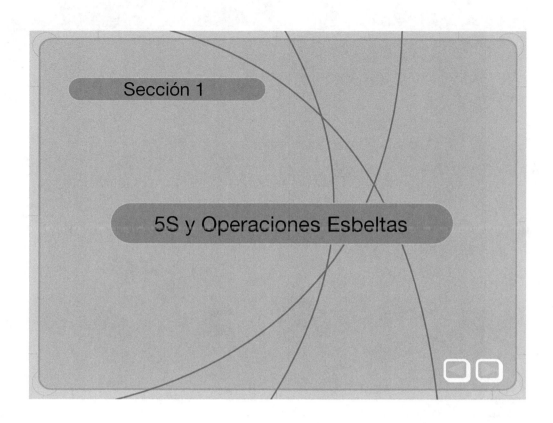

Sección 1

5S y Operaciones Esbeltas

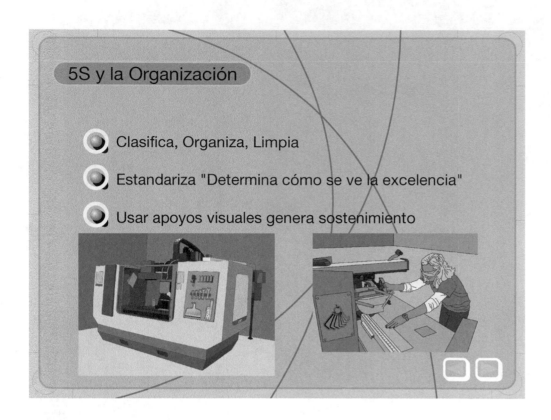

5S y la Organización

- Clasifica, Organiza, Limpia
- Estandariza "Determina cómo se ve la excelencia"
- Usar apoyos visuales genera sostenimiento

Notas, Transparencia 4:

_____

_____

_____

_____

_____

_____

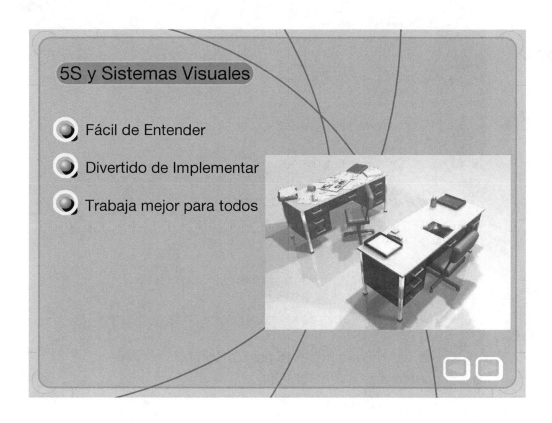

Notas, Transparencia 5:

_____

_____

_____

_____

_____

_____

Pregunta:
¿Puedes pensar en cualquier tipo de trabajo que requiera por
necesidad ser visual?

_____

_____

¿Por Qué 5S?

- Nos permite tener un área más organizada

- Nos hace limpiar menos y más fácilmente

- Hace que nuestra área de trabajo sea más productiva

  - Hace a los 7 Desperdicios obvios

  - Crea un estándar para la mejora

  - Es un medio para involucrar a toda la gente

  - Es de alto impacto para la compañía a un costo realmente bajo

Notas, Transparencia 6:

_____

_____

_____

_____

_____

_____

Pregunta:
¿Por qué estamos haciendo 5S?

_____

_____

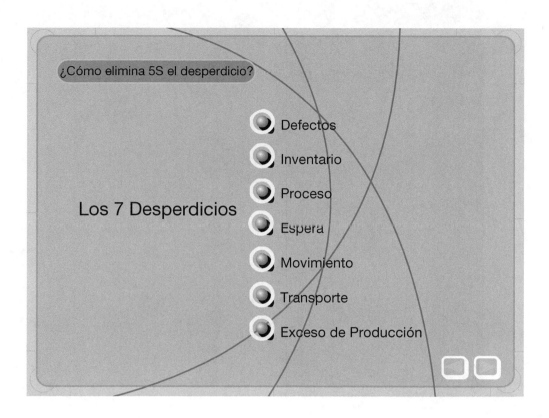

Notas, Transparencia 7:

_____

_____

_____

_____

_____

_____

_____

Pista:
Enfócate en los 7 Desperdicios y en sus definiciones.
_____

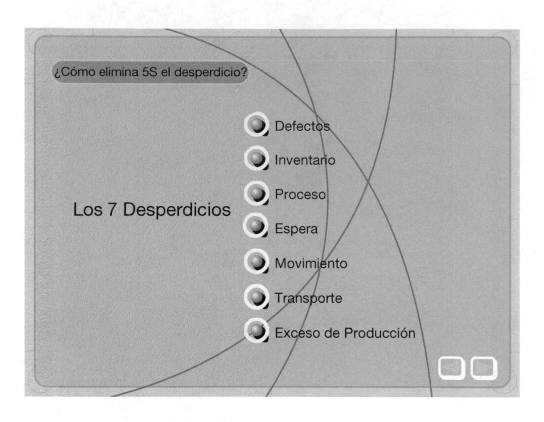

¿Cómo elimina 5S el desperdicio?

Los 7 Desperdicios

- Defectos
- Inventario
- Proceso
- Espera
- Movimiento
- Transporte
- Exceso de Producción

Notas, Transparencia 7 continuación:

_____

_____

_____

_____

_____

_____

Pista:
Los 7 Desperdicios son un bloque funda-mental de 5S, pídele al facilitador que explique a fondo los desperdicios para que puedas entenderlos por completo.

Defectos

Fabricando partes malas, generando desperdicio, información incorrecta y/o reprocesando artículos.

Posibles Causas:

- Procesando en Lote
- Calidad de los materiales
- Diseño del producto cuestionable
- Instrucciones de trabajo deficientes

Notas, Transparencia 8:

_____

_____

_____

_____

Definición del Desperdicio: _____

_____

Ejemplo Adicional: _____

_____

Inventario

Cualquier material en el área que no sea lo que se necesita al momento para el siguiente proceso, etapa o paso.

Posibles Causas:

- Tiempos de espera prolongados
- Confiabilidad de proveedores
- Incentivos basados en resultados
- Estrategia Justo a Tiempo
- Mala programación
- Demanda del mercado desconocida

Notas, Transparencia 9:

_____

_____

_____

_____

Definición del Desperdicio: _____

_____

Ejemplo Adicional: _____

_____

Pregunta:
¿Cuáles son las tres etapas por las cuales pasa el inventario en tu compañía?

_____

_____

Proceso

Actividades que no agregan valor al producto o servicio desde el punto de vista del cliente interno/externo.

Posibles Causas:

- Demasiado papeleo
- Falta de comunicación
- Demasiados pasos/etapas
- Desconocimiento de las necesidades del siguiente cliente interno

Notas, Transparencia 10:

_____

_____

_____

_____

Pista:
Este es el desperdicio más difícil de encontrar, sin embargo la solución es simple. Si en realidad es puramente un desperdicio de proceso la solución es encontrar una forma de no generarlo.

Definición del Desperdicio:

_____

_____

Ejemplo Adicional:

_____

_____

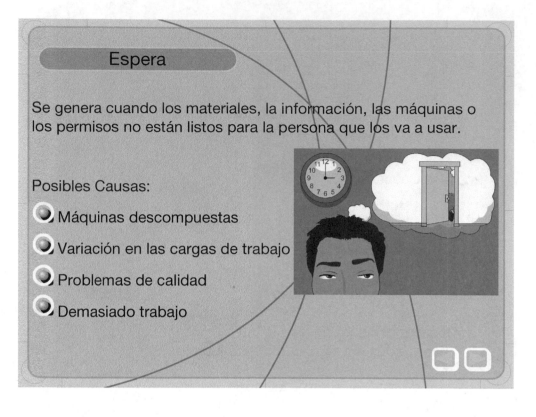

Espera

Se genera cuando los materiales, la información, las máquinas o los permisos no están listos para la persona que los va a usar.

Posibles Causas:

- Máquinas descompuestas
- Variación en las cargas de trabajo
- Problemas de calidad
- Demasiado trabajo

Notas, Transparencia 11:

_____

_____

_____

_____

Definición del Desperdicio: _____

_____

Ejemplo Adicional: _____

_____

Pista:
Trata de esperar por algo o alguien a propósito en vez de mantenerte ocupado. Es difícil solamente esperar.

Pregunta:
¿Cuáles son situaciones en las que tienes que esperar por algo o alguien?

_____

_____

Movimiento

Cualquier movimiento que no agrega valor al producto o servicio.

Posibles Causas:

- Falta de diseño en el proceso
- Falta de métodos estandarizados para el trabajo
- Diseño del área de trabajo
- Demasiadas cosas en un área

Notas, Transparencia 12:

_____

_____

_____

_____

Definición del Desperdicio: _____

_____

Ejemplo Adicional: _____

_____

Transportación

El mover materiales de un área a otra área.

Posibles Causas:

- Sistema de producción por lote
- Almacenamiento de trabajo en proceso (wip en Inglés)
- Distribución del edificio
- Plataforma para el stock
- Utilización de montacargas

Notas, Transparencia 13:

_____

_____

_____

_____

Definición del Desperdicio: _____

_____

Ejemplo Adicional: _____

_____

Sobreproducción

Fabricar más componentes/productos de los que el siguiente proceso (cliente interno/externo) requiere.

Posibles Causas:

- Lógica de "justo a tiempo"
- Concentración en máquinas solamente
- Tiempos de preparación
- El mantenerse trabajando
- Problemas con la demanda

Notas, Transparencia 14:

_____

_____

_____

_____

Pista:
La operación debe verse como una forma para producir sólo lo que es estrictamente necesario, cualquier excedente resultará en pérdida de eficiencia y efectividad.

Definición de Desperdicio: _____

_____

Ejemplo Adicional: _____

_____

Pregunta:
¿Por qué crees que le damos una calificación tan alta a la sobre producción?

_____

_____

5S y Operaciones Lean

La mayoría sino es que todas las herramientas esenciales de Lean usan 5S como uno de los bloques claves.

Ejemplos:

- Mantenimiento Productivo Total (TPM)
- Kanban
- Cambio rápido de modelo/herramienta (SMED)
- Administración visual
- Oficina Kaizen

Notas, Transparencia 15:

_____

_____

_____

_____

_____

_____

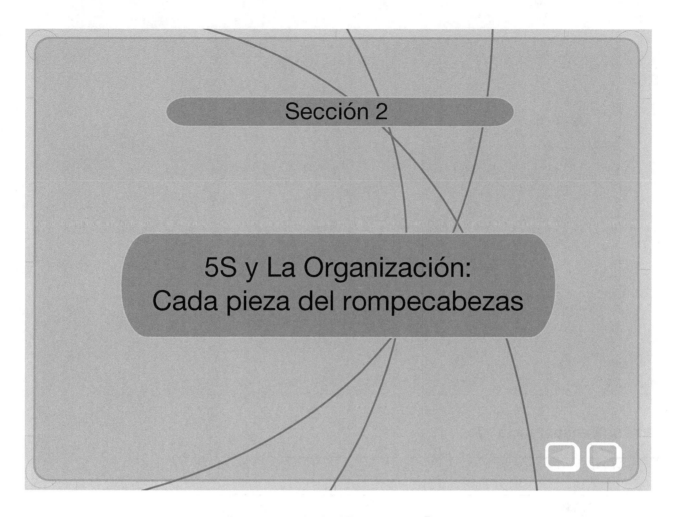

Sección 2

5S y La Organización:
Cada pieza del rompecabezas

En esta Sección

– El significado detrás de 5S

– Aplicando 5S en tu área y ambiente

– Los cinco elementos de 5S

– Guía para participantes a través de la secuencia apropiada
 para aprender 5S

 Sugerencia   **Pista**   **Pregunta**

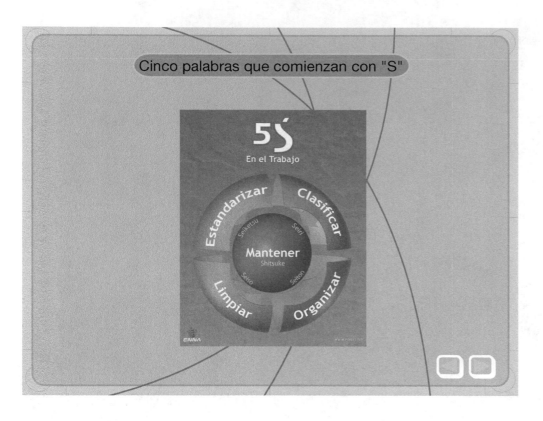

Notas, Transparencia 17:

_____

_____

_____

_____

_____

_____

Pregunta:
¿Cuántas "S" había originalmente y qué compañía creó la definición?

_____

_____

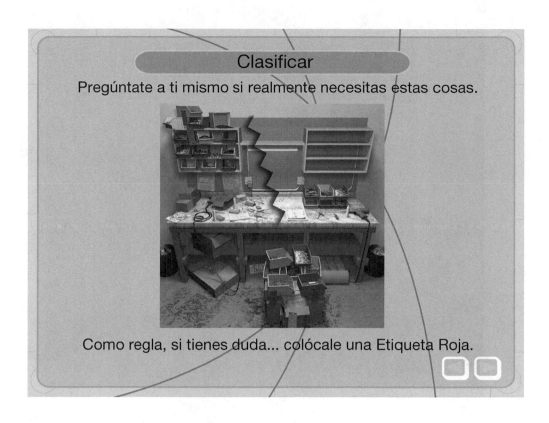

Clasificar

Pregúntate a ti mismo si realmente necesitas estas cosas.

Como regla, si tienes duda... colócale una Etiqueta Roja.

Notas, Transparencia 18:

_____

_____

_____

_____

_____

_____

Pista:
*Cuando clasifiques separa en dos categorías:
1) Lo que necesites para tu trabajo y...
2) Todo lo demás.*

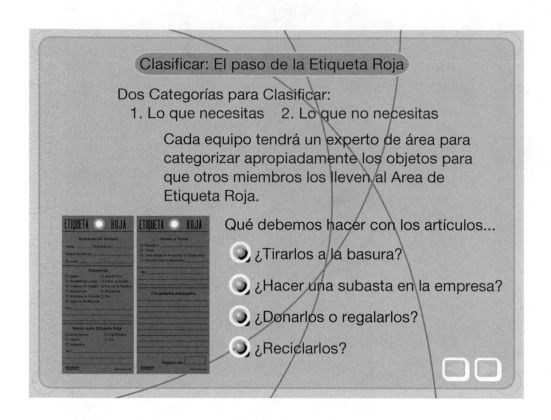

Clasificar: El paso de la Etiqueta Roja

Dos Categorías para Clasificar:
1. Lo que necesitas   2. Lo que no necesitas

Cada equipo tendrá un experto de área para categorizar apropiadamente los objetos para que otros miembros los lleven al Area de Etiqueta Roja.

Qué debemos hacer con los artículos...

○ ¿Tirarlos a la basura?

○ ¿Hacer una subasta en la empresa?

○ ¿Donarlos o regalarlos?

○ ¿Reciclarlos?

Notas, Transparencia 19:

_____

_____

_____

_____

_____

_____

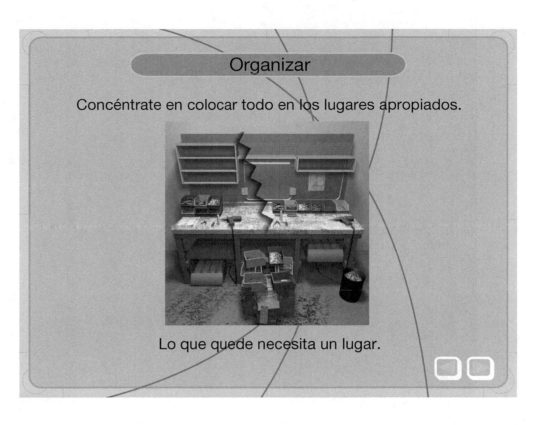

Organizar

Concéntrate en colocar todo en los lugares apropiados.

Lo que quede necesita un lugar.

Notas, Transparencia 20:

_____

_____

_____

_____

Sugerencia:
Si tienes duda… tíralo.

Definición de la Acción de Organizar:

_____

_____

Ejemplo Adicional: _____

_____

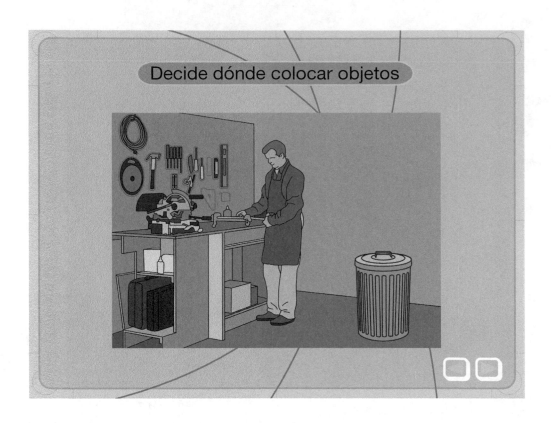

Decide dónde colocar objetos

Notas, Transparencia 21:

_____

_____

_____

_____

_____

_____

Pista:
Observa la ilustración anterior. ¿Qué soluciones encuentras para la estación de trabajo que se muestra? ¿podrías minimizar el desperdicio de movimiento?

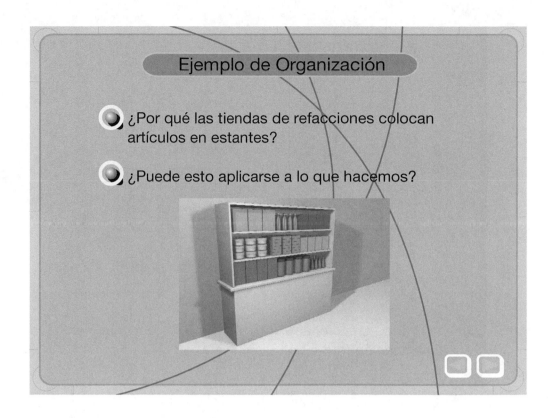

Notas, Transparencia 22:

_____

_____

_____

_____

_____

_____

Pista:

Trata de no estirarte para alcanzar algo en tu trabajo. El objetivo de Organizar es el eliminar el "estirarse para alcanzar cosas".

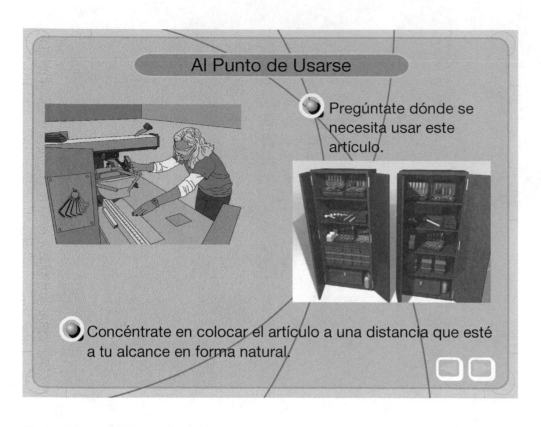

Al Punto de Usarse

Pregúntate dónde se necesita usar este artículo.

Concéntrate en colocar el artículo a una distancia que esté a tu alcance en forma natural.

Notas, Transparencia 23:

_____

_____

_____

_____

_____

_____

Ejemplo Adicional: _____

_____

Notas, Transparencia 24:

_____

_____

_____

_____

_____

_____

Pista:
Organízate de la mejor manera posible para trabajar efectivamente.

Limpiar

Pregúntate por qué se ensucian estos artículos.

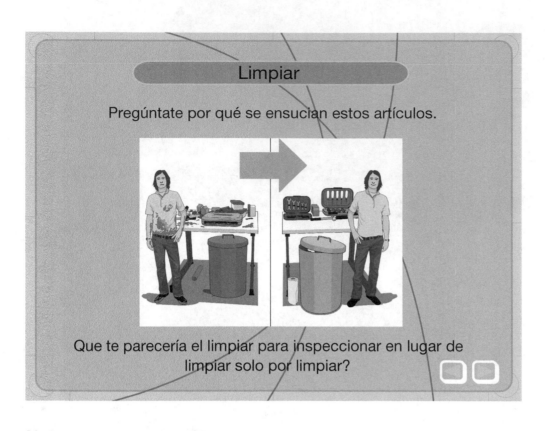

Que te parecería el limpiar para inspeccionar en lugar de limpiar solo por limpiar?

Notas, Transparencia 25:

_____

_____

_____

_____

_____

_____

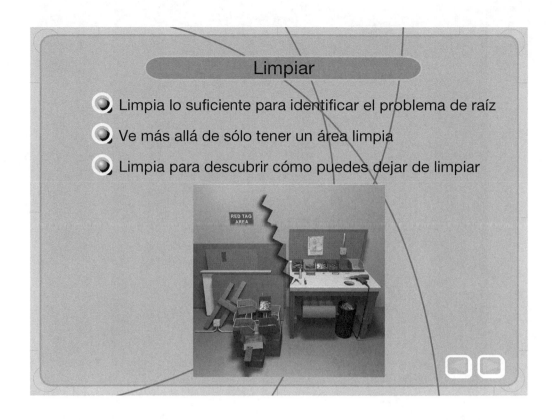

Limpiar

- Limpia lo suficiente para identificar el problema de raíz
- Ve más allá de sólo tener un área limpia
- Limpia para descubrir cómo puedes dejar de limpiar

Notas, Transparencia 26:

_____

_____

_____

_____

Pista:
Recuerda que estamos limpiando para...

Definición de la Acción de Limpiar:

_____

_____

Pregunta:
¿Por qué limpiamos durante este taller?

_____

_____

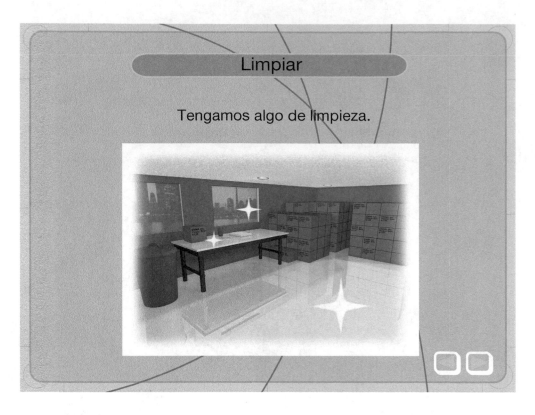

Limpiar

Tengamos algo de limpieza.

Notas, Transparencia 27:

_____

_____

_____

_____

_____

_____

Pista:
El combinar ideas generará soluciones para reducir y eliminar la necesidad de limpiar.

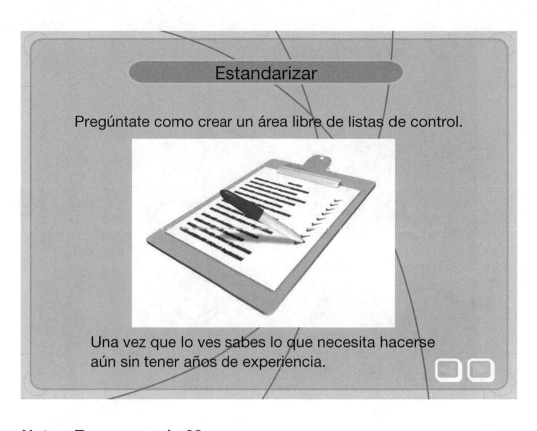

Estandarizar

Pregúntate como crear un área libre de listas de control.

Una vez que lo ves sabes lo que necesita hacerse aún sin tener años de experiencia.

Notas, Transparencia 28:

_____

_____

_____

_____

_____

_____

Pregunta:
¿Puedes pensar en un ejemplo de buena estandarización?

_____

_____

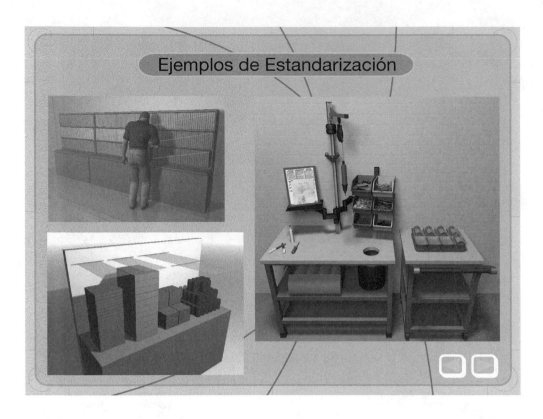

Notas, Transparencia 29:

_____

_____

_____

_____

_____

_____

Pista:
Al crear un estándar, incorpora un símbolo, color, y/o características físicas.

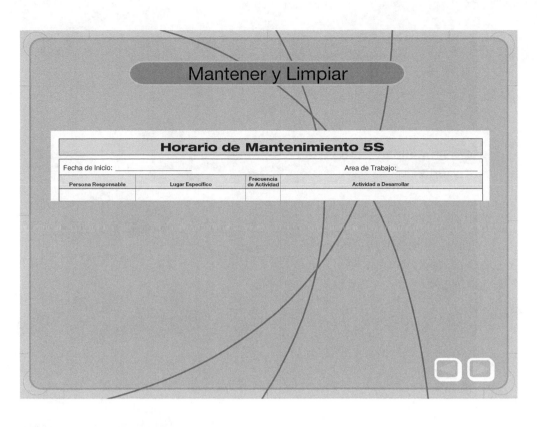

Notas, Transparencia 30:

_____

_____

_____

_____

_____

_____

Pregunta:
¿Por qué es útil emplear el Horario de Mantenimiento de 5S?

_____

_____

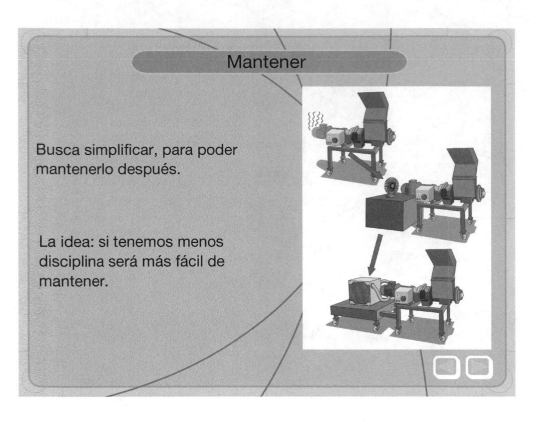

Busca simplificar, para poder mantenerlo después.

La idea: si tenemos menos disciplina será más fácil de mantener.

Notas, Transparencia 31:

_____

_____

_____

_____

_____

_____

Pregunta:
¿Cuál es el objetivo de 5S?

_____

_____

Mantener

- La gerencia se compromete con el programa

- Todos dan un buen ejemplo de acuerdo a 5S

- 5S es un componente de cada taller

- La meta es dar a tus clientes recorridos de tus instalaciones

- Usa el Formulario de Revisión de Evaluación de 5S para determinar dónde estás

Notas, Transparencia 32:

_____

_____

_____

_____

Pista:
Utiliza tu experiencia profesional para desarrollar cambios que sean fáciles de mantener. A menudo las experiencias pasadas ayudan a generar soluciones. Piensa en ejemplos del pasado y fíjate si el equipo puede implementarlos.

Definición de la Acción de Mantener:

_____

_____

Horario de Mantenimiento de 5S

Horario de Mantenimiento 5S

Fecha de Inicio: Abril 8, 2008

Area de Trabajo: MC3 - Ensamblaje

Persona Responsable	Lugar Específico	Frecuencia de Actividad	Actividad a Desarrollar
Sarah Janzen	Area de ensamblaje MC3	semanal	limpiar pieza de ensamblaje, y pieza de lentes opticos

© ENNA

www.enna.com

Notas, Transparencia 33:

_____

_____

_____

_____

_____

_____

Éxito de 5S a Largo Plazo

- Se espera que la gerencia se involucre en actividades
- La participación de todos
- Los 7 Desperdicios son parte integral de 5S
- Enlaza la mejora a un beneficio financiero

Notas, Transparencia 34:

_____

_____

_____

_____

_____

_____

Pregunta:
5S necesita del compromiso de _____.

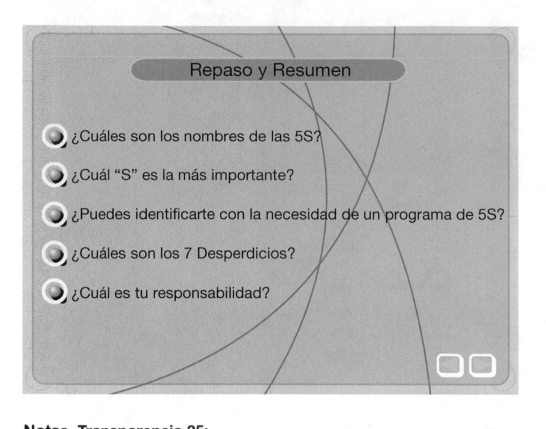

Repaso y Resumen

- ¿Cuáles son los nombres de las 5S?

- ¿Cuál "S" es la más importante?

- ¿Puedes identificarte con la necesidad de un programa de 5S?

- ¿Cuáles son los 7 Desperdicios?

- ¿Cuál es tu responsabilidad?

Notas, Transparencia 35:

_____

_____

_____

_____

Preguntas o notas finales sobre esta sección.

_____

_____

_____

Pista:
Escribe las respuestas a estas preguntas para resumir esta sección.

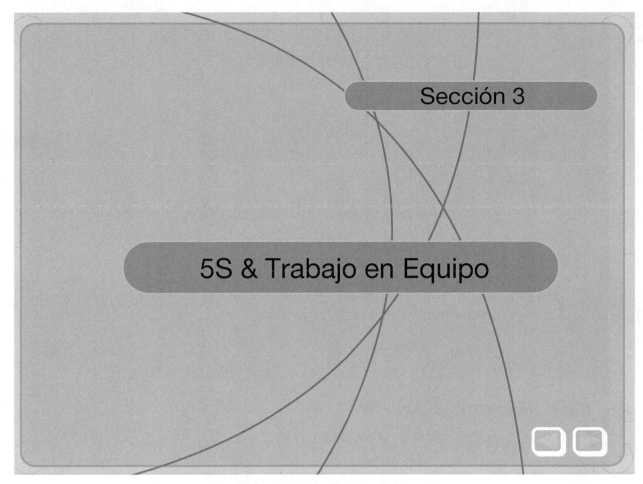

Sección 3

5S & Trabajo en Equipo

En esta Sección

Ahora que hemos adquirido algo de conocimiento vamos a ponerlo en práctica.

– Aprende el proceso de Evaluación de 5S

– Aprende a usar la Bitácora de Acción de 30 Días

– Aprende a usar el Horario de Mantenimiento de 5S

– Discute el formato del taller

Es tiempo de comenzar a poner en práctica los principios de 5S y el primer paso es el discutir y demostrar las hojas de trabajo que usaremos, las cuales representan el paso final que culminará con el Pizarrón de 5S (explicaremos más tarde). Enseñaremos la idea de recorrer las áreas la primera vez con el fin de obtener una base de comparación, con esto detectaremos dónde se encuentran las mayores áreas de oportunidad con respecto a 5S. Habrá pequeños equipos trabajando juntos, evaluando y recogiendo información para delinear un plan de acción para el resto del taller.

 Sugerencia   **Pista**   **Pregunta**

5S Trabajo en Equipo

Pasos:

1: Evaluación 5S

2: Clasificar- con Etiquetas Rojas

3: Organizar- con gabinetes "Al Punto de Usarse"

4: Limpiar- asear el área

5: Estandarizar- administración Visual

6: Mantener- afinar y hacer Horario

Notas, Transparencia 37:

_____

_____

_____

_____

_____

Equipo de 5S

(Evaluación Inicial)

1. Tengamos algo de limpieza (2-3 personas)

2. Equipo de Fotografía (2 personas)
   - Toma fotos de la situación actual
   - Resalta objetos y áreas claves

3. Equipo de Mapeo de 5S (2-3 personas)
   - Designa lugares para la gente, materiales y equipo (vista a vuelo de pájaro)

Notas, Transparencia 38:

_____

_____

Equipo Asignado a:

_____

_____

Pista:
Tu rol cambiará cuando vayas de hacer evaluaciones a realizar cambios, pero tus equipos deben mantenerse unidos.

Nombres de los Integrantes del Equipo:

_____

_____

_____

Areas de Trabajo Asignadas:

_____

Información Adicional:

_____

_____

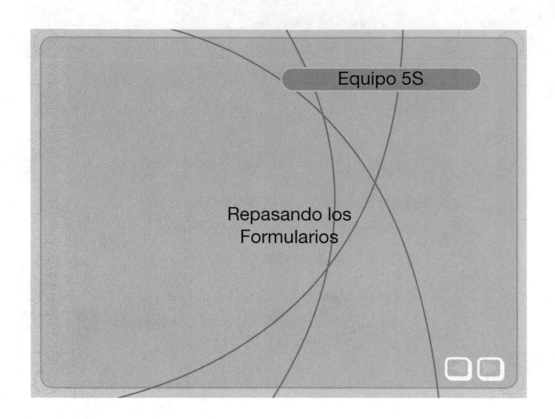

Equipo 5S

Repasando los
Formularios

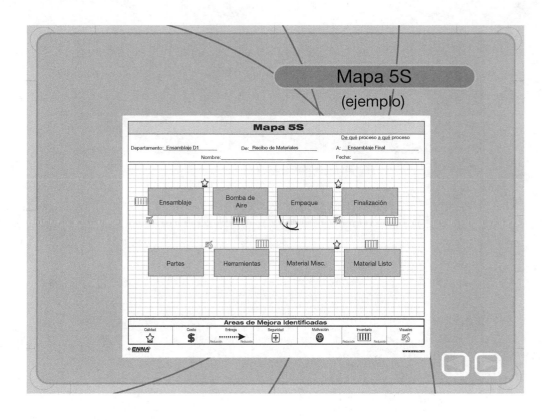

Notas, Transparencia 40:

_____

_____

_____

_____

_____

_____

Revisión de la Evaluación 5S
(Ilustración)

Revisión de la Evaluación 5S

Fecha de Inicio: _____   Area de Evaluación: _____

Elemento 5S	Número	Criterio de Evaluación	Califica estos artículos del 1 al 5, con 5 representando muy bien hecho	Puntos (1-5)	Ideas / Sugerencias / Comentarios
CLASIFICAR	I	¿Están los pasillos abiertos y libres de estorbos?	Todos los artículos innecesarios o inseguros se han retirado del área donde la gente pasa y/o trabaja.		
	II	¿Está el área de trabajo libre de salpicaduras de fluidos?	Considera si hay químicos, lubricantes, agua, aceite u otros materiales que puedan ser peligrosos en el derrame.		
	III	¿Está el área de trabajo libre de artículos innecesarios?	Se han retirado los materiales innecesarios del área de trabajo, ej. herramientas, guías, papeles, artículos extras.		
	IV	¿Está el área de trabajo libre de materiales en exceso?	Evalúa contra cuántos artículos hay en el área de trabajo. Evalúa si los materiales, partes y suministros se necesitan.		
	V	¿Está la información activa en el pizarrón?	Todos los anuncios se ven bien. La distribución es simple y están situados bajo los títulos apropiados.		
	VI	¿Están las paredes de las áreas libres de cosas inútiles?	No hay artículos extras en las paredes, divisiones ni hay letreros colgando en donde no se necesitan.		
			Categoría Subtotal		
			Resultado de Clasificar: Subtotal dividido entre 6		

Notas, Transparencia 41:

_____

_____

_____

_____

_____

_____

Pista:
Sé crítico al evaluar el área, la evaluación inicial sirve como una base para comparaciones posteriores.

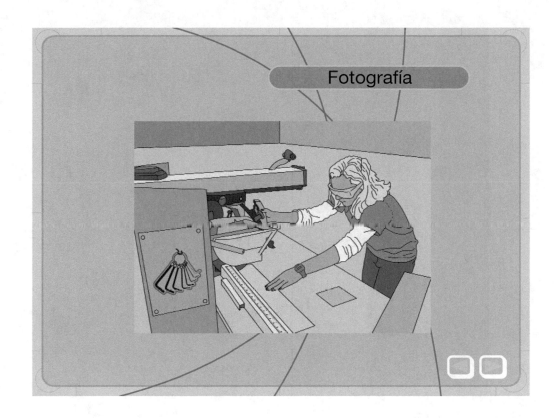

Fotografía

Notas, Transparencia 42:

_____

_____

_____

_____

_____

_____

Pista:
La iluminación es clave para tomar fotos. Designa a un miembro del equipo como responsable de la iluminación.

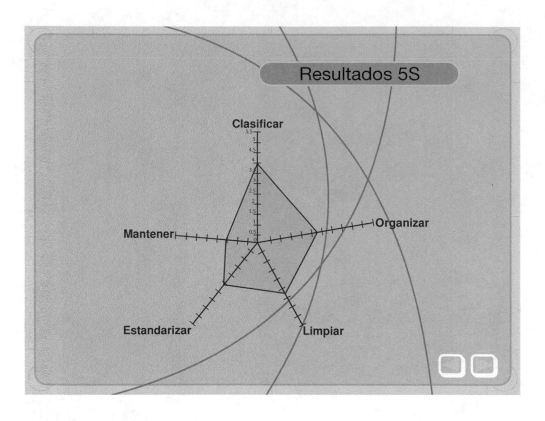

Notas, Transparencia 43:

_____

_____

_____

_____

_____

_____

_____

Pista:
Debemos estar listos
para evaluar nuestro
estado actual.

_____

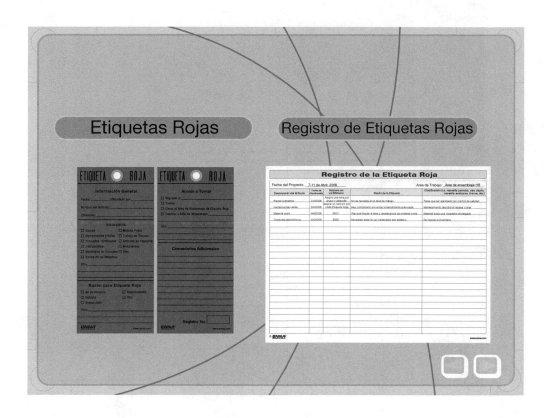

Notas, Transparencia 44 & 45:

_____

_____

_____

_____

_____

_____

_____

Pista:
Si tienes cualquier duda, colócale una Etiqueta Roja y saca el objeto del área.

_____

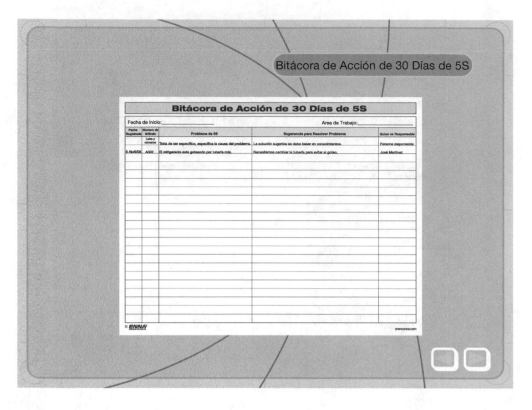

Notas, Transparencia 46:

_____

_____

_____

_____

_____

Pista:

Coloca objetos en la Bitácora de Acción de 30 Días que el equipo haya aceptado como un objeto para esa lista. Tu equipo debe estar de acuerdo antes de agregar un artículo a esta Bitácora. Posiblemente necesites conseguir apoyo de otros departamentos.

Horario de Mantenimiento de 5S

Notas, Transparencia 47:

_____

_____

_____

_____

_____

_____

Pista:

Se espera que los miembros del equipo se comprometan con 5S brindando ideas innovadoras de cómo resolver problemas.

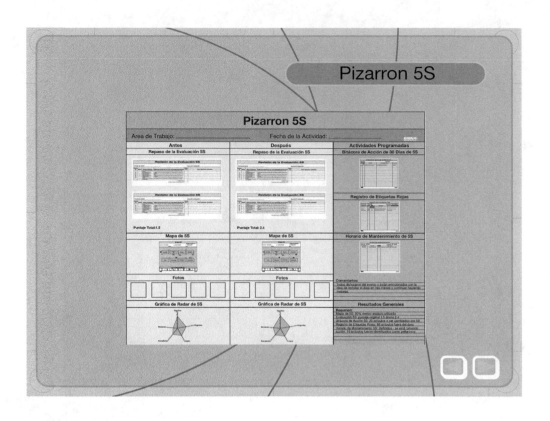

Notas, Transparencia 48:

_____

_____

_____

_____

_____

_____

Evaluación sobre 5S

Facilitador: _____   Nombre: _____

Taller: _____   Fecha: _____

Circula o escribe la respuesta que mejor conteste la pregunta.

1. ___ 5S tenía originalmente ____ "eses"?

    a) 4
    b) 1
    c) 2

2. ___ ¿Qué compañía empezó lo que se conoce ahora como 5S?

    a) Volvo
    b) Toyota
    c) Ford

3. ___ ¿Cuál es la primera S de 5S?

    a) Organizar
    b) Clasificar
    c) Limpiar

4. ___ De los 7 Desperdicios de Operaciones ¿cuál es el peor?

    a) Sobreproduccion
    b) Inventario
    c) Movimiento

5. ___ Si una compañía implementa 5S con éxito, la necesidad de la auto disciplina es ___.

    a) Eliminada
    b) Reducida
    c) Incrementada

6. ___ 5S es uno de los pilares de sostén de ___.

    a) Operaciones
    b) Limpieza
    c) Lean

7. ___ ¿Por qué limpiamos durante 5S?

    a) Para inspeccionar
    b) Porque es lo correcto
    c) Para prevenir partes defectuosas

8. ___ El inventario existe en una compañía en los siguientes lugares?

    a) Trabajo en Proceso
    b) Materia Prima y Producto Final
    c) Materia Prima, Trabajo en Proceso y Producto Final

9. ___ La S de "Organizar" le permite a una persona tener el mínimo de ___.

    a) Trabajo
    b) Espera
    c) Movimiento

10. ___ ¿Para qué se usa el Horario de Mantenimiento de 5S?

    a) Registrar las actividades del taller
    b) Registrar la limpieza que se requiere
    c) Programar el siguiente taller

11. ___ Para que 5S tenga éxito necesitamos la participación de ___.

    a) La gerencia
    b) El departamento entero
    c) Todos

12. ___ El Mapa de 5S ofrece una visión ___ del área de trabajo.

    a) A vuelo de pájaro
    b) Planeada
    c) Resumida

13. ___ El desperdicio en el Proceso es el más difícil de localizar porque...

    a) Hay muchos procesos
    b) Podría verse inicialmente como algo que agrega valor
    c) Es totalmente necesario

14. ___ La Bitácora de Acción de 30 Días permite a la compañía ___.

    a) Documentar en una lista todos los problemas que no se pueden resolver
    b) Hacer una lista de los problemas del taller a resolver en un solo documento
    c) Demostrar el compromiso hacia 5S

1:c, 2:b, 3:b, 4:a, 5:b, 6:c, 7:a, 8:c, 9:c, 10:b, 11:c, 12:a, 13:b, 14:b